中国科协学会学术部项目资助

会员服务与融合的 199 个金点子

美国社团管理者协会 **著**

刘向晖　高富锋 **译**

中国科学技术出版社

·北 京·

图书在版编目（CIP）数据

会员服务与融合的199个金点子/美国社团管理者协会著；刘向晖，高富锋译. —北京：中国科学技术出版社，2016.12

书名原文：*199 Ideas Member Service and Engagement*

ISBN 978 - 7 - 5046 - 7372 - 5

Ⅰ.①会… Ⅱ.①美… ②刘… ③高… Ⅲ.①社会团体 - 组织管理学 Ⅳ.①C912.2

中国版本图书馆 CIP 数据核字（2016）第 310946 号

著作权合同登记号：01 - 2016 - 0158

本书中文版由美国社团管理者协会和美国社团领导力中心授权中国科学技术出版社独家出版，未经出版者许可不得以任何方式抄袭、复制或节录任何部分

责任编辑	单　亭　崔家岭
封面设计	中文天地
责任校对	刘洪岩
责任印制	张建农
参译人员	贾璐璐　杨可帆　李翠红　张　晶

出　　版	中国科学技术出版社
发　　行	中国科学技术出版社发行部
地　　址	北京市海淀区中关村南大街 16 号
邮　　编	100081
发行电话	010 - 62173865
传　　真	010 - 62173081
网　　址	http：//www.cspbooks.com.cn

开　　本	787mm×1092mm　1/16
字　　数	120 千字
印　　张	4.5
版　　次	2017 年 1 月第 1 版
印　　次	2017 年 1 月第 1 次印刷
印　　刷	鸿博昊天科技有限公司

书　　号	ISBN 978 - 7 - 5046 - 7372 - 5/C·163
定　　价	19.00 元

引言与致谢

2009 年，"199 个金点子"系列的第一本书《招募和保留会员的 199 个金点子》出版①面世。此次出版的《会员服务与融合的 199 个金点子》可视作是第一本书中所述内容和思想的延伸，它们相辅相成、携手并进，共同致力于解决会员制组织工作中最为核心的那些方面。我们与会员沟通互动及会员融合息息相关，对其意义的认识来自于以往协会工作的经验；同时也来自于美国社团管理者协会（ASAE）的两项研究成果即《加入决定》（2007）和《志愿决定》（2008）所带给我们的启示，即：会员忠诚度的提升与会员参与程度密切相关。

本书是从较为广泛的意义上来理解会员融合②的，认为其包含两个组成部分：一是为协会开展一流水准的会员服务提供经过实践检验的工作技巧和创意，强调成功保留会员的秘诀很大程度上是以良好的会员服务和会员待遇为条件的；二是重点关注如何吸引会员参与那些有助于把会员和协会紧密结合在一起的有意义的活动中来。贯穿这部分的主线是：让会员实现从简单的入会，到全面互动形成向心力，再到完全内化为协会的一部分与协会深度融合的转变。

---

① 该书中文版已由中国科学技术出版社 2014 年出版。——译者注
② 此处英文原文为 engagement，有约定、参与、接触等多种含义，本书在汉译过程中结合其自身含义及具体语境，分别译作融合、凝聚、吸引、向心力、参与、入会等。——译者注

尽管没有放之四海而皆准的解决方案，但这里提示的许多（尽管并非所有）技巧和创意都可以应用或适用于某一组织。希望这本书里阐述的关于会员服务和会员凝聚及融合的每一条秘诀和提示都可以深入人心，对改革旧有规范或者激发新的想象力有所助益，以帮助会员制协会更好地服务会员和增加会员黏性及融合度。

　　本书涉及的"金点子"主要是根据美国社团管理者协会历年出版物中的经验事例以及各位同行的丰硕成果拣选、改编和汇辑而成的。如果您在这里找到了一些值得借鉴的思路，也请考虑回馈性地分享它们。这些经验和见解可发表在后续出版的"199个金点子"的某个特定主题中。敬请关注网址 www.asaecenter.org/sharemytip。"199个金点子"系列始终在成长，我们会热切期待你能提供相关的、围绕着不同特定主题的各种真知灼见。

　　谨向以下编著者和所有通过美国社团管理者协会分享其经验的人们表示诚挚谢意。

执行主编

卡里尔·泰南（Caryl Tynan）
美国静脉学会

特约编辑

提普·塔克·肯德尔（Tip Tucker Kendal）
女子篮球教练协会

琳达·布雷迪（Linda Brady）
医疗保健文献完整性协会

撰稿人

托尼·罗塞尔（Tony Rossell）
会员制营销领导者股份有限公司

辛西娅·辛普森（Cynthia Simpson）

女科技工作者协会

凯瑟琳·斯沃茨（Katherine Swartz）

哥伦比亚机遇与资源协会

琳达·赫拉尔诺（Linda Chreno）

赛勒娜·努夸伊（Celena Nuquay）

美国国际教育者协会

凯文·沃顿（Kevin Whorton）

沃顿营销研究会

卡罗琳·福斯（Caroline Fuchs）

布鲁斯·桑德斯（Bruce Sanders）

美国静脉学会

唐·蒂亚（Don Dea）

熔合制作公司

艾米·莱斯顿（Amy Lestition）

媒体和出版协会

斯图尔特·梅耶（Stuart Meyer）

社会频率传媒公司

米利亚姆·米勒（Miriam Miller）

新鲜农产品联合会

达纳·帝庞兹－哈斯（Dana Deponzi-Haas）

美国静脉学会

斯科特·奥泽（Scott Oser）

斯科特·奥泽联合会

目　录

引言与致谢

会员服务 ………………………………………………………… 1

  一线会员服务 …………………………………………………… 1

  以会员为中心的思维模式 …………………………………… 8

  沟通技巧 ……………………………………………………… 12

    工作人员交谈禁忌 ………………………………………… 19

  会员教育培训 ………………………………………………… 20

  后台客户服务 ………………………………………………… 22

    分支机构或部门 …………………………………………… 27

    市场拓展 …………………………………………………… 29

会员融合 ………………………………………………………… **34**

  欢迎新会员 …………………………………………………… 36

  用福利和服务凝聚会员 ……………………………………… 39

    为未来储备会员 …………………………………………… 39

    留住会员 …………………………………………………… 41

    利用好协会自身的网站和社交媒体 ……………………… 42

  用情感凝聚会员 ……………………………………………… 46

    从会员的视角看问题 ……………………………………… 46

    营造协同合作的氛围 ……………………………………… 48

    密切联系会员 ……………………………………………… 49

注重沟通 ·· 50

从会员吸纳到会员融合 ··································· 53

志愿者赞赏认可机制 ··· 53

志愿者招募 ·· 54

附　录 ·· **58**

会员服务

一线会员服务

1. 为会员服务是每个员工的使命。

为会员服务并不意味着要削弱协会工作人员的权威，而是要让每位会员都处在协会及其工作人员所营造的市场拓展策略的影响中，这才是至关重要的。如果追求卓越是营销宣传的一部分，那么，从 CEO 到数据录入员，每位员工都应该主动地去诠释那些市场拓展方针，并且不断寻求将这些方针纳入协会日常工作中的方法。协会中的每位员工都要承担起会员服务的责任，无论员工们是否与会员发生直接联系，他们都会对会员服务产生影响。吸引会员与协会全方位互动和深度融合，应该是每位协会工作人员的职责所在。每位员工都应该把握一切时机，努力让会员获得尽可能满意的良好会员体验。

2. 为什么要对会员使出浑身解数?

会员对协会印象的形成通常会基于以下两个原因中的一个:协会的产品或服务很糟糕,或是产品或服务好极了。你的协会留给会员的是哪种印象?会是那个最差的印象吗?如果协会的产品压根就没有给会员留下任何印象,说明你的产品、会员福利和会员服务代表相当缺乏感染力。如果现有的服务能做到完美无瑕,那么协会暂时还做不到位的方面就不会总被盯住不放了。良好的会员管理和会员融入要求工作人员用心倾听会员的声音,并尽可能满足会员所需。即便并不能完全恰如其分地满足会员的需求,至少也要给他们一个明确的答复,给人一种你愿意花时间去倾听并做出一定反应的感觉。

3. 即使协会不存在业务竞争,也应该为会员提供最好的服务。

如果没有本田、福特或道奇等同业竞争的汽车厂商,难道通用汽车公司就可以不把客户放在眼里吗?或者做一个更糟的假设,通用汽车公司优待客户仅仅是因为担心有人准备创办新的汽车公司和分流他们的客户吗?当然不是这样。

4. 消除可能导致失败的因素。

如果协会消除了所有令会员不满意的因素,自然就能留住会员。接下来协会要做的就是投入精力让会员得到最愉悦的会员体验。理论上,协会的目标不是靠向会员一再收取会费来维持运转,而是协会始终能够有充足且源源不断的会费可供支配。

5. 适度授权给会员服务代表。

让员工对会员的满意度负责。帮助员工认识到他们对待会员的态度直接关系到协会的兴旺或衰败,这是非常励志的。授权会员服务代表适当地处理一些事务(当然是有限度的),以便不至于出现会员被晾在一边,或者更糟的，让会员先回去，等待后续回复的情形。会员们讨厌等待，尤其是会员服务代表要先问过主管意见后才能作答，（要这样的话）他们完全可以一开始就直接去找主管解决问题了。

6. 倾听会员服务代表和会员们的声音。

会员服务代表每天都身处服务的第一线，没有人比他们更了解会员都有哪些看法和意见了。协会至少每周要留一定的时间对会员的各种反馈意见进行总结。通过设置意见箱，方便员工和会员间接地表达诉求，以便更好地改进服务。忽视来自会员服务代表或会员的有效意见，就会导致会员流失率的增高。尤其要注意的是，一定要感谢他们给出的这些中肯的意见，即使有些要求一时难以做到或意见并没有被采纳。

7. 会员服务代表具备随机应变的业务知识。

协会工作人员必须能够对"人物—内容—时间—地点—方式—原因"，即"谁在什么时间和地点以何种方式给会员提供何种服务以及为什么要提供这项服务"烂熟于心，以便能够向会员清晰地解释。同时，也要完善和及时更新常见问题清单。训练会员服务代表来应对会员提出的任何类型问题的最好方式之一，是按照常见问题清单进行角色扮演（找一个待定的常见问题清单作为样本——这是编制常见问题标准答案的一个很好的点子）。会员服务代表们相互之间轮流提问这些常见问题，再加上少量真的很难回答的问题（请相信，每个人的回答都会给讨论带来或多或少的启示）。把这些问题做成"闪卡"的形式做练习，直到每个人都知道答案后再往下进行。试着把"闪卡"打乱随机抽取，如果会员服务代表看到抽到的"闪卡"后深呼吸或叹气，就说明他们没有充分地理解"闪卡"上所给问题的答案为什么是这样。遇到这种情况，就需要训练委员会让会员代表们列出他们工作中最常见和最不常见问题，以进一步完善常见问题清单。

8. 特别提醒。

当协会出现新的情况或是要发生某些改变的时候，请不要让会员服务代表成为最后知道的人。例如，当协会要通过邮件发起一项行动计划时，应同时抄送给代表（并告知日期），以便于他们打电话时知道会员谈及的项目是什么。不要让你的代表感到毫无准备，这将使他们感觉身在"圈外"完全脱离组织而减少了团队合作意识。事实上，每个人都应该收到协会发出信息的副本。否则就会陷入糟糕的境地：会员服务代表和会员要谈论总部发布的事项，而他们却对所谈的事情一无所知！

9. 经常温习。

多熟悉会员服务相关的素材资料！时不时地打开服务手册，每次温习阅读少许。在会员服务团队会议上来一个突击测试，并给予回答出最多正确答案的人奖励（奖品可以是星巴克咖啡的礼品卡或一个小时额外的午餐时间等）。就算你真的身居高职掌控工作全局，当你试图（找会员代表）了解信息的时候，也不要轻易打断会员的接待工作而让会员等候。

10. 尝试"一日岗位"体验计划。

一位爱达荷州的首席执行官基于他过去做过的六种不同的会员工作，几乎完全重新设计了协会的管理结构，由此，下一年的会员留存率提高了12%。任何人都可以被训练去回复问询、办理申请、处理邮件、培养保留会员的意识以及做离职面谈。"一日岗位"体验可以让员工对会员服务有更多的了解，和会员产生更多的共鸣，在职位出现空缺期间还可以提供人员保障。

11. 培养一种"额外提供相关信息"的思维。

任何时候，当会员提出要求，比如他们想要寻求帮助、获取信息、得到支持、购买产品或需要会议手册等，我们可以认真考虑一下，可不可以把会员的需求以及与需求相关的内容"打包"一并解决，让会员获得意想不到但却是非常令人愉快的惊喜。总是将设身处地为会员考虑作为基本准则。如果有会员打电话来询问相关的问题，请（在电话的最后）告诉他，你要在文件中保留一张备忘卡片，假如有与此问题相关的任何额外信息接收进来，都将直接反馈到他那里去。这样的方式能使会员感到他们享受到了特别的待遇。

12. 提供超预期的增值服务。

如果会员来电咨询，你已经做了非常充分地回答，也不妨再花点时间更深入地思考一下，看看是否还有可能给出更好的答案。例如，有会员来电咨询汽车租赁的优惠折扣是否也适用于海外旅行，先确认没问题，然后上网搜索，找到他所要去旅行的城市的推荐酒店，用电子邮件把酒店名录清单发给他。如此一来，将给会员带来意外的惊喜，会员被你们的服务所折服。换位思考一下，当你自己想要询问时，你想要得到哪些额外的回复或增值服务呢？

13. 排除干扰性因素。

如果你是一个大型协会的会员服务代表，协会提供的大量会员权益和可利用的信息也许会让新会员感到应接不暇。如果可以，在提供主要的会员权益和服务的信息外，再把协会相关会员权益和服务对应的工作人员姓名和电话（包括分机），打印到一个小的"帮助"内部电话目录中，同时也把这些信息收录到新会员数据包中。美国中西部的一个协会这样做过，在他们入会第一年的新会员之中这个"帮助包"的使用率增加了近20%。提供这项服务需要确保所描述的会员权益要不断更新，如果有一些内容做了修改或扩展，请确保这些资料也都被纳入数据包中。

14. 第二天进行回访。

如果有会员来电咨询特别复杂或棘手的问题，请花一些时间来扮演一下"医生"的角色并进行后续的回访。次日打电话再了解事情的进展情况，看看"患者"的问题是否已被圆满解决。这是一个把工作上如果还未处理好的事处理好的绝佳机会，可以借此讨好会员使其成为组织的终身会员。为避免忘记回访，你可以使用备忘录设置相关事项提醒。

15. 真正的考验。

每周花一定的时间对一个以往对你们服务不满意的会员进行电话访问。询问他是否有什么需求或有什么特别需要协会帮助的事情。让这个会员知道，协会非常在意他的满意度，想知道他是否还有任何所需的服务。事实上，只要付出非凡的努力就一定会赢得人心，哪怕遇到的是最偏执难缠的会员。请记住，会员的偏执往往来自于"你"先前的做法，现在，就把做到"不反过来以偏执对偏执"当作你个人的挑战吧。成熟的表现必将赢得尊重。

16. 培训一线员工。

最理想的处理会员投诉的状况就是，在问题反映到工作人员那儿的那一刻就被解决。因此，员工需要专门的训练来获得应对特殊情况的技巧和能力，无论是否能找到解决特殊情况的办法。当有问题出现的时候，工作人员必须能够迅速识别。

美国移民律师协会将"客户服务主动性"置于他们客户服务的最高优先级（起初称为"前线团队"），旨在提升客户服务并培训所有员工。这个团队最初由一些被认为是具有一线职责去处理客户事宜的人组成，但后来发展为包含了所有员工。每一次团队会议上，员工们都把他们所经历过的会员服务事例拿来分享。不管是精彩的还是糟糕的，总之最有趣的案例将会得到奖品。这样做的目的在于通过每次研讨都能消除一些很小的不利因素，这样的研讨可以让协会实现和推动自身的组织文化。最终，量的积累会促成质的飞跃。（摘自 2010 年 11 月《当代协会》期刊怀特·阿里亚撰写的"团队努力为会员服务"一文。）

17. 对投诉持欢迎态度。

当会员打来投诉电话时，记得对他们表示感激。对会员投诉持欢迎态度，这样会在你和会员之间产生一种合作伙伴式的感觉，似乎你们在联手对抗共同敌人。如果此时你不能感同身受，会员会将你和问题联系在一起，那么他就有了"问题"和"你"两个敌人。你应该想要去创建一个由你和会员一起去对抗问题的三角关系，而不是你和问题一起去对抗会员的三角关系。也可以这样对会员说："感谢您（说出您的抱怨）给我们一个改进工作的机会"或"您反映的问题对我们非常有帮助，只要知道了问题所在我们就有能力去解决它。"

18. "如果我遇到问题，请帮我解决它。"

除了会员专享的那些福利和权益以外，这便是协会会员最基本的需求了。无论协会的工作体系多么完美、员工多么优秀，会员的抱怨几乎是无可避免的。你处理工作失误的方式得当与否是决定会员续期与否的重要因素。首先要致力于为客户提供解决方案，其次要在客户得到帮助后及时纠正引发这一问题的原因。

19. 倘若服务信誉受到损害怎么办？

许多协会都没有意识到他们实际上可以利用服务补救的机会来打造更紧密的会员联系；如果你径直找到会员直截了当地说："我们之前做得还不够，这是改进后的新方案。"你不仅会得到会员的关注，甚至可能还会收获一些赞许。良好的服务补救方案是很容易建立起来的。

20. 启动工作监测机制。

创建一个问题追踪机制，能够让一线员工将他们工作中发生的问题随时随地反映给管理层。会员服务代表人手一份"问题"日志，是一种可供管理者洞察棘手问题的快速有效的方法。这一专设的监测系统可以用来作为常规会员调查的补充机制。

以会员为中心的思维模式

21. 始终信任协会。

如果作为社团的员工，你一定要信任自己所在的协会和协会所提供的机会。那么，当你向会员说明融入协会的重要性时，你就可以表达得更坚定和自信。机会属于和你一样意识到并始终相信融入协会至关重要这一点的会员们！在协会现有的会员中强化这一意识，并鼓励他们代表协会向同行和其他会员证明这一点。

22. 想会员之所想。

如果能够记住会员的问题、需求和观点，协会的执行力可能会更强。把自己的观点强加在会员之上或假设他们有哪些需求，通常会妨碍你去满足他们真正的需求。协会可以利用诸如焦点小组①、全员问卷调查和新会员问卷调查等调查工具，弄清楚会员的真正需求，以明确协会提供给会员的服务是有价值的。

23. 改善服务质量。

与 10 年前相比，今天各种协会的数量繁多。如果你没有以会员想要的方式去对待他们的话，他们通常就会抬腿走人，选择其他协会。同时，现在的人也比过去更加不能容忍糟糕的服务了。所以协会必须更加努力地改善服务质量以减少会员流失，而不是相反——如果在会员服务方面大打

---

① 焦点小组（Focus Group）是由一个经过训练的主持人以一种无结构的自然的形式与一个小组的被调查者交谈。主持人负责组织讨论。焦点小组的主要目的，是通过倾听一组从调研者所要研究的目标市场中选择来的被调查者，从而获取对一些有关问题的深入了解。这种方法的价值在于常常可以从自由进行的小组讨论中得到一些意想不到的发现。——译者注

折扣，这无异于自己打开大门任会员离开。

24. 实现心理转变。

想想看，我们每天都在向他人提供服务。我们乐于为我们的家人、朋友、甚至陌生人做事情。如此看来，为会员提供良好的服务对于我们来说是再自然不过的事情了。对于我们中的大多数人来说，事实并非如此——不知为何，当我们进入工作状态时，我们的关注点往往会发生转移。为什么会这样呢？因为服务是"必须"的。而当你为朋友做事，动机是不同的：你做这件事是因为你想做而不是为了赚钱。从明天起，开始把你的工作看作是一个助人的职业而不是一个服务的职业，由此你将经历一个了不起的转变。

25. 以会员为核心。

协会中的会员等同于营利性公司里面的股东，他们是协会的主人。如果你需要更有说服力的解释，那么把会员和你的薪水放在一起考虑吧。大多数协会总收入中的绝大部分，都是来自于会员的会费收缴和会费以外的购买服务。这时你再想想，你认为是谁在支付你的薪水？

26. 会员来电话是你的工作目标，而不是对你工作的干扰。

回顾以前的建议，牢记会员是可以通过电话感受到你的情绪的。如果在你忙得不可开交的时候，电话铃响了，不妨花 1 秒钟做一下深呼吸，微笑，然后接听电话，看看能给会员提供什么帮助。

27. 设身处地换位思考。

换位思考的最基本含义是，让自己站在别人的立场上去思考，但其实这还不够。当会员打电话来说"因为一个记录方面的错误，我即将失去特许资格了"，你恰当的反应过程应该是这样的：

（1）他可能会失去特许资格。毕竟他为取得资格努力工作了很长时间，失去意味着很大的损失。

（2）他代人受过。并不是他本身的失误让自己陷入困境，是别人的错误导致了这一结果。

（3）他需要寻求法律的保护。

（4）我知道如何能够帮到他（当然，你假设他告诉你的都是事实）。

如果你表达出这些情感，该会员会立即感觉到你个人已经为他构筑了一道安全网。这种互动的价值不可估量。接下来你的后续跟进非常关键，要做到始终设身处地的理解会员的焦虑，直到问题尽可能快地得到解决！

28. 抛开一切顾虑，始终按最有利于会员的原则行事。

会员或许是错的一方，或许不了解所有真相，又或许对同一事情的理解因人而异……但是要谨记，不管怎样，感觉对于会员来说就是百分之百的现实。并且，现在他/她还是你协会的会员，如果工作人员没有按最有利于会员的原则行事，也许就会采取公事公办的方式去处理，结局不言而喻。除非会员的要求真的会让协会陷入困境，你想让他/她离开以摆脱这一尴尬境地。否则，何不试着挽留呢？

29. 是否可以接受会员的不满？

要知道每个心存不满的会员都会"传染"10 个以上的人。在这种情况下，设定一个让百分之百的会员满意的目标也许是高不可攀的，不完全符合现实。但是从逻辑上来讲，应该力争实现这一目标。

30. 一个很残酷的现实。

现实就是，会员往往是以自我为中心的。按照经验，他一开始不会关心你，至少得等到你们有了个人接触后（才会关心你）。只有看到你的价值，他才会表现出关心。协会越早懂得这一点，越早开始为他们服务，会员的留存率就会越高。

31. 感知即现实。

如果会员有问题而打电话咨询时，总是听到语音留言，会员会感到你很冷漠，总是不方便或不乐意帮助他们。那是他们的真实感受，即使当时实际情况真的是你在忙。这就是服务行业的特点。

32. 工作忠告。

许多会员不会对所遇到的恶劣服务以牙还牙，更多的时候他们会选择最简单的应对方式：拔腿走人。

33. 关键品质。

在面试招收会员服务代表的时候，问一下申请者之前是否做过志愿者工作。从事过志愿者工作是一个人真正致力于服务的最佳指征。

34. 创建一种人人都是会员代表的文化。

协会中的每个人都对保留会员负有责任。要让部门内外的工作人员都能够为会员提供帮助。对于一些特定的项目和主题，可以使用常见问题表、易联表和联系人列表等工具。

35. 考虑会员的同时也需要照顾到非会员。

非会员同样可以为协会提供收入来源。当非会员经常性地使用协会服务时，协会应定期提醒他们成为会员的好处；长此以往，他们会发现成为正式会员的优越性。如果经过提醒他们仍然没有申请成为正式会员，也没有问题——这些非会员仍然会为协会提供一定的收益。

36. 编写信息、传单、宣传册和表格时，用心揣摩读者的心思。

协会编写并向会员发出的信息能够体现会员价值吗？制作的传单和宣传册便于阅读吗？表格和工作流程易于理解吗？精彩的宣传语是抓住读者

注意力最简单高效的方式，也是传达协会影响力、宣传方案或特殊活动的方式。一个合适的宣传语的撰写需要经过认真调研、检验并测试其有效果。制定最理想的宣传语，便于其在未来的可持续使用。不过，一段时间之后加以变换也未尝不可，这样做能使协会品牌耳目一新，富有生命力。（摘自 2010 年 12 月《新闻通讯》中施瓦兹·南希撰写的"十个精彩的宣传语和九个要避免的陷阱"一文。）

沟通技巧

37. 遵守承诺。

如果会员服务代表并未完成他向会员承诺的事情，如何能称之为服务呢？努力想取悦他人是人之天性，由此也就不难理解为什么有的时候人们会在瞬间承诺，但却不能随后兑现。所以要注意你的言辞，并确保你向会员所说的每一句话都可以实际付诸行动。

38. 负责回复电话或邮件的工作人员的表现会给人留下关于协会的深刻印象。

对于大多数的协会来说，初始联系人是那些回复常规邮件和电话的工作人员。回复不及时背后隐藏着客服人员人手不足以及工作无序等问题，这会导致会员或客户"胡思乱想"。通过电邮或电话回复的成功与否，可以决定会员是否愿意入会或协会能否与会员保持友好的关系。

39. 快速反馈。

设置个人电子邮件或电话的应答时限，尽可能快速回复，让服务对象知道最快什么时候能够得到回复。及时确认你收到了会员的询问，在预估时间内给出完整的答复连同具体的联系人姓名。长此以往，就可以建立与会员的密切联系，并向会员证明协会的可靠性。

40. 汇编常见问题。

当会员与协会取得联系的时候，他们可能有要事在身（尤其是当他们急需某些信息的时候），这就需要协会工作人员及时为其提供所需信息及支持。协会网站要将常见问题解答置于较显眼的位置以便有需要的人查阅，同时网站应该为员工和会员的直接沟通提供具体的参考答案，以备不时之需。总之，一定要确保协会工作人员遇到问题时可以在网站上轻松地找到相应的答案。

41. 给员工准备好常规问题的标准答案。

会员询问时，确保所有解答的员工熟悉出现的问题，并且知道如何对会员的询问给予恰当的答复。建立统一和标准的回答与沟通风格，让致电人或发件人对该协会有能力找到问题解决方案有信心。

42. 考虑清楚再打电话。

实际情况是，你呼叫的人七成无法接听你的电话。更糟糕的是，当有人给你回电时，只有30%的机会可以与你成功交流。所以当你准备打电话时，预先发个短信，以防他们无法接听。

43. 事先安排和预约好电话会议事宜。

提前确认好电话通联时间，届时可以保证有人在等着接听电话。要知道，有效的进攻是最好的防守，先下手为强！

44. 你是否表面在听，实则没有用心领会？

你有没有因为一门心思想着接下来的会议而忘记别人的名字？注意对方所说的话，体会言外之意，了解致电者真正的关注点。千万不要猜测对方的想法，而是认真倾听和领会，并做出清晰地解答。

45. 开诚布公。

如果你对会员提出的话题所知甚少或一无所知，请诚实地说明情况并请求对方做详细说明，以便你能够很好地理解、调查以及做出合理的解答。永远不要猜测答案是什么，但千万要让致电者知道你正在努力寻找答案或解决方案。

46. 全身心投入到交谈中，注意力不集中会被会员感知，并认为你怠慢他/她。

试图在电话交谈或起草邮件的同时完成一份报告、给同事发一个手势信号、批准工作事项等，这样一心二用的情况不仅是无礼的，还会导致某些误会。

47. 激动的情绪会让你对他人的观点置若罔闻。

社会学家认为，当人们的观点遭到反对时，他们的本能反应是与之对抗到底。他们开始计划如何反击，这就抹除了之前所有的愉快交流，因为"斗争者"的目标就是将"对手"踢出局。所以，千万要把心思放在解决问题上，而不是斗气上。

48. 具备良好的职业素养。

没说出的事情和说出的事情同样重要。在和会员沟通时，一定不能提供八卦新闻，不散布不相干的信息或机密信息，不泄露还未付诸实际的计划，不讨论正常范围以外的财务问题。心得是：如果拿不准就别随意发表言论。

49. 熟记会员的名字并自我介绍。

提前获得来电者的名字并做相应的记录，在交谈中经常用到这些名字，与此同时，确保会员有你的姓名和联系方式，由此使交谈变得更轻松、更明确。

50. 重复指令、说明和要求。

如果你让别人重复你刚才说过的话（看能不能说得上），就很容易知道你说话的时候对方有没有用心听。反过来也是这样的，用心聆听才能重复出来别人所说的。

51. 交谈中请保持在当下状态。

大脑思考的速度比说话的速度快4~10倍，所以当别人说话的时候要认真听，不要想着晚餐吃什么。你清楚自己是在专注倾听，还是在开小差。因为交谈中的语调、眼神交流和反应时间都很重要。

52. 确认你的回应已经被理解到位。

养成在会谈结束之前对已经作答的问题或提供的解决方案进行确认的习惯。你要说的是"您的问题是否已得到了解答?"或"您还有其他问题吗?"会员往往会记住你说的最后一句话。这个小技巧会给你和会员一个具有积极意义的结尾。

53. 沟通方式多样化是关键。

与会员的沟通交流不要仅局限于一两种方式。时时把会员工作挂在嘴上，同时沟通交流也不拘泥于固定的形式和固定的时间，网络、通信、印刷材料、电子邮件、社交网络、公告等都是很好的沟通交流方式。会员也要明白不一定总是依赖某一种沟通交流方式。

54. 以个人的名义发送感谢信给那些大宗采购的客户、完成大型项目的志愿者或其他活动顺利完成的支持者们，以表达诚挚的谢意。

这是一种很好的接触方式，对改善外界对于协会的认可度也是一个很好的机会。协会可以通过不同的、吸引人的方式答谢会员。国际制药工程协会每年举办一次志愿者答谢周活动。在此期间，该协会会向其在世界各地的所有志愿者寄出亲笔信，并为委员会成员提供50%的教育培训优惠折扣，还会在主要会议的年度领导晚宴上对他们的工作进行表彰。（摘自2008年9月《会员发展》期刊上韦弗恩格尔·伊丽莎白撰写的"提高会员对志愿者赞赏认可机制的参与度"一文。）

55. 当会员寻求帮助时，尽全力为其提供详尽、周到的超值服务。

如果会员遇到问题，试试看能否提供超出他们预期范围的、更周到的服务。例如，某会员说："我想登记参加秋季发布会。"你可以这样回答："好的，我可以帮您安排，现在帮您预定，这是您的预约编号。如果您愿意，我可以将目的地的饭店、活动事项以及其他有用的信息发给您。还有什么需要帮忙的吗？"

56. 主动联络有负面反馈意见的会员。

如果有人无意中听到了负面的反馈意见，或是在网上或通过电子邮件给出了消极反馈，务必要抓住机会去扭转局势或至少要他把想说的全部表达出来。能否顺利解决问题，虚心听取会员建议和改变会员境遇是关键。如果找不到问题所在，如何考虑解决办法？负面的反馈可以促进协会改善服务。这个会员的挫败感也许是来自对其选择权的不了解以及平时的被忽视感。你不能确保所有会员都清楚协会所提供的权益和资源，花时间弄明白困扰着会员的真实原因是什么——也许这会是一种可行的解决方案。

57. 创建网页导航。

在协会网站的会员中心或复杂的官网上设置方便的网站导航，这样可以使会员更易找到所需内容；也可以告诉会员协会提供了哪些福利和权益，让会员知道如何用足这些资源。

58. 做好通话记录，以便后续跟进。

在协会的会员信息记录系统里，把与会员的通话交流都做好记录，以便于下一位工作人员了解前期的交流情况，做好会员追踪。

59. 发布会员公告。

建立一个特定的沟通渠道，当行业内出现热点新闻或重大变化时可及时通告会员。了解会员喜好，明确会员们最想通过何种途径接收信息（短信、邮件还是 Face book）。切勿对会员进行信息"轰炸"，确保发布通告时主题明确，让会员知道该信息是否是自己兴趣所在，是要即刻打开，还是等会儿再看。（摘自 2008 年 8 月《新闻通讯》期刊上拉迪克·玛丽莲和奥·弗拉哈万·莱斯利撰写的"撰写标题的四个基本规则"一文。）

电子邮件标题营销

当你写邮件向会员推广协会的服务、产品或活动时，必须仔细斟酌邮件的标题。请记住邮件标题的作用是一定要让会员们打开此邮件。

● **突出福利。** 确保邮件标题要突出会员的福利。例如，"新用户可以享受 25% 的优惠"会比"新用户可以享受特殊优惠"更有吸引力。

● **短小精悍。** 为了提升邮件的点击率，邮件的标题要少于 35 个字符。邮件营销咨询网站 MailerMailer 制作的 Metrecs 测量工具监控显示：短邮件标题比长标题的点击率高出 28%。

● **直截了当。** 不建议用"限时特惠！"之类的广告来招揽会员，这得要求会员点击开才能知道促销的是什么。对于会员来说，必须点击后等待网页打开才能了解你在推广什么，是一件很令人恼火的事情。会员的底线是，如果等待时间过长，他们就不会去浏览你提供的信息。

摘自 2008 年 8 月《新闻通讯》中"撰写标题的四项基本规则"一文。
http://www.asaecenter.org/Resources/ENewsletterCommancationNews.cfm?
ItemNumber = 35838

60. 与会员接触互动时，真诚是假装不出来的。

沟通的艺术真谛在于用心倾听。你必须明白会员所说的内容，并且确保你确实用心听进去了。你是否理解会员所诉，都可以从你的行为表现出来。这样一种真诚与会员沟通并产生共鸣的能力将会给组织创造价值。

61. 及时改进，适应发展。

通过积极地倾听、有效地聆听、及时地行动、适时地改变以及快速的回应能力，逐渐向你的会员群体灌输自信和互信的理念。传统协会建立初期，灵活性有所欠缺，人们往往谈"变"色变，因为人们常常将变革与煎熬的过程相联系。实际上，提高协会的适应性是协会发展的契机，协会可以通过改变不断提高自身，从而转变劣势，进而建立起一个灵活的协会文化机制。在这个机制中，允许工作人员大刀阔斧地创新，允许在探索路上出现错误，一定要尽情想象协会美好的愿景。（摘自知识资源中心2009年9月研究文献《灵活组织的关键因素》。)

62. 坦诚面对包括负面信息在内的全部反馈。

协会要处理所有激励和反馈信息，对于反馈信息中的负面因素不能置之不理，而是需要正视和面对。要保证信息交流过程中所确保信息的真实性、公正性以及客观性，只有这样，协会才可以对于潜在的问题提出解决方案，或者至少要明晰或澄清问题。

63. 建立初级接触反馈系统。

通过对协会常见问题解答情况的分析，对特定部门、委员会以及特定项目实行联系人负责制。这样，如果最开始接待会员的工作人员被问及较难的问题时，该会员会被转接到相应的部门或负责人来处理。这样一个反馈系统的建立，可以使得初级接待人员专心接待，相应较难的问题交由更细化分工的专业人员处理，提高了协会工作效率。

64. 为了便于一线工作人员更便捷有效地回应会员的问题，可以制作活页夹、手册或建立起可以搜索关键词的数据库。

通过准备活页夹、手册或建立起可以搜索关键词的数据库，就可以由初级工作人员以合适的方式向会员提供简单的解决方案或所需信息。

工作人员交谈禁忌

65. 即使遇到麻烦，也要保持冷静。

无论何种原因，哪怕你面对的对象举止粗鲁，工作人员也绝不能恶言相向。在工作中遇到此类情况，工作人员要冷静地离开，将后续的事情交给主管负责人处理。

66. "这与协会的政策相悖。"

当会员提出的要求和协会现有的规定相冲突（除非它真的不可能实现）工作人员都应该礼貌回应："通常情况下，您的要求是我们的政策所不允许的，但是既然您提出来了，我们会尽最大的努力去满足您的要求。"如果这个要求在工作人员力所能及的范围之内，请尽力达到会员的要求。避免因为你的态度让会员产生不受重视之感，误认为自己只是会员库中一个"凑数"的。

67. "我不清楚。"

无论如何都要避免这种回答。可以用诸如"让我查查。""我会在24小时内回复您。"让会员感受到你们正在采取积极的行动来为他排忧解难。

68. "对此我无能为力。"

这可能是会员服务代表的真实情况，但是无论事实如何，会员提出的事项肯定是受人管辖的。这种情况下，会员服务代表可以回答："我将和我们的会员主管（或其他相关负责人）反映您的情况，来为您提出一个解决方案。"

会员教育培训

69. 提供生动趣味化的教育培训。

出于可持续性发展或营利性的考虑，协会往往要向一部分会员提供廉价的在线学习项目，这时就可以知晓哪些会员的需求更多，以及哪些服务需要更加完善，这部分会员就是协会未来发展的主要力量。协会所要做的就是准确定位目标会员，并明确所提供的服务中的哪些模块具有趣味性、激发性。通常，当面对继续教育培训活动的选择权时，会员会更倾向于选择更不受约束的、直面需求而又不冗长的项目。

70. 铭记作为"摇篮"的使命感。

会员信任地选择协会作为获取资质、成长为专业人士的桥梁，那么协会就要拿出诚意，尽可能地提供会员所需的资源和服务来打造这份内隐的"合约"。相对于个体会员来说，协会历史悠久、经验丰富，提供的服务系统而优质，协会应将这种优势体现在所提供服务的方方面面，为会员群体创造一个美好的未来。

71. 以需求回应性（而非销售业绩）为导向。

会费收缴以外的入账所能带来的收益无疑是可观的。然而，若为了获取短期的资金流而不顾服务与会员需求的适切性，以牺牲会员的利益为代价，将不会建立起一个可持续的非会费收入之外的收入流。如果协会上下能够齐心协力，增加所提供服务与受众需求的关联性，那么销售额和销售量的提升将不在话下。

72. 为会员定制有价值的个性化信息。

人们不再单纯地依赖于他们身处的协会来获取专业相关的资讯。而当他们主动去翻阅其所在协会的相关网站时，相当一部分人其实是带着查询有用信息的目的去浏览相关网页、目录以及文档的。所以利用好应用管理系统或其他信息系统中已存档的会员信息，向他们推送直面需求的定制化信息很重要。

73. 传递品牌价值，信守服务承诺。

协会所提供的每一项学习计划都是其品牌和（办学办班）承诺的延伸。注重创新，重构知识产权，发展知识体系，采用新兴技术，用种种手段保证高品质地履行客户承诺以及这些服务承诺的可信赖程度。

74. 学习团体是教育培训内容发展的突破点。

讲授者在台上讲或播放幻灯片讲课的旧模式已不能对联结在一起的会员共同体起到很好的作用。事实上，旧有模式反而削弱了这种作用。有许多创新型的案例展示了团队成员如何团结协作，创新学习内容，提出新思路，并辅以科技手段有效促进其职业发展的成功经验。

75. 引入能激发兴趣的催化剂，增强线上线下参与互动。

一个巧妙的模拟假设，有触发催化的作用，使人产生一种紧迫感：这种感觉就像行驶的火车突然出轨，约定好的讲演人并未现身，你的协会要被同业竞争协会合并，或协会中年轻有为的专业人士作为特殊利益组别想要单飞组建自己的协会……选择一个可以被简单陈述但暗含大量挑战、需要做出抉择的模拟情境，让参与者们来面对和处理。这类作为触媒的假设或模拟情境，可以极大地激发人们的兴趣及增加互动性。

76. 通过角色扮演，增强线上线下的有效互动。

恰如其分地定位角色能够吸引参与者浑然忘我地融入角色，将自然思维投入到角色中去，增加其互动的倾向。协会的活动组织者可以细致地给参与者描述其扮演的角色，但要留给他们一些自主诠释和即兴发挥的空间。模拟活动的主持人要与参与者充分交流，来确保在发起实际意义上的活动之前，所有的角色都能被很好地理解。某些情况下，为数有限的关键角色或由主持人或这些参与者以外的其他特定的人来扮演。

77. 选址！选址！选址！

这个看似简单的词是会员参与互动及会员融合的决定性因素。会员肯定会有面对面会面的需求，只要谨记：会面的选址至关重要！要千方百计安排将大大小小的集会和不同工作领域的委员会会议轮流放在不同的地点承办。如果实际条件允许，这样的轮转可以使那些不方便出差参会的会员也能参与。如果你所在的协会有国际会员或是正在拓展海外领域，这样的安排就尤显合理。协会组织者一方面要留意成本—收益比，同时也要在会晤择时与选址方面富有创新性，来提高会员与其他成员全方位参与互联的积极性。

后台客户服务

78. 免除它。

有时，不成文的政策是最好的保留会员的工具。例如，大多数协会有一个难以明确解释的不低的申请费，表面上可能包含着所谓的"会员申请处理"成本，谁知道是什么呢。一个精明的潜在会员机缘巧合地看到这一点，要求协会免除该费用。那就按照他的要求去做吧，即使协会规章中并没有哪处提倡这一行为。由于这种情况不是经常发生，协会也可以通过此举，消除与会员的疏离感，打破流于形式的官僚主义，这种效果难道不正是各种协会大力向会员所宣传的协会先进性吗？此外，人们多多少少都喜欢不劳而获占点便宜，这点儿割舍对于协会来说实属九牛一毛，不值一提。

79. 电邮给会员一份协会表现评价表。

某家地处遥远西部的协会富有创意地每周给会员电邮一份仅一页的协会表现评价表，这样的一种外部评价方式强调了协会工作的重心所在：会员的感受。该协会希望在服务质量、传递服务的过程、沟通互联程度和服务内容四个方面得到会员的反馈。于是在每月的第一个星期一给会员发送评价表，然后会员会在本月的第一个星期五反馈。在该评价表中，会员可以对选项进行 0～100 的数值打分，并附上打分理由。如此一来，协会可以通过这些评价，知道今后改进工作的方向。这个小小的反馈机制可以让协会负责人尽早发现协会问题，并早早将它扼杀在摇篮之中；同时，这种大规模会员参与的反馈机制可以让会员感受到协会对会员的重视度；每月将会员反馈信息汇总公布于协会的公告栏与网站中，也是协会信息公开的重要体现。

80. 打破陈规旧律。

协会有没有更经济的方法来处理事务？能否具有创新形式来向成员通知日常信息？能否重新设计更易于填写的工作表格？开发一个更简洁的语音信箱问候语？是否能够设计一个更好的运行脚本来改进电话信息收集工作？

81. 在每一个会员信息记录中记录其通话梗概。

设置一个可以记录包括通话时间、通话性质、应答人员、会员诉求、答复内容等在内的计算机系统或数据库。该信息可以被用来突出会员关注问题的倾向性，以及可以更详细地描述会员个体的要求。这种方式的使用，可以使协会更好地了解会员需求，来提高协会提供服务的水平。

82. 设计"友好"的自动语音应答系统。

当协会语音信箱系统预先录制的数字应答被设计得听起来十分复杂，

或者显得态度不太友好时，这个语音信箱系统就会传递出一种对致电人的问题缺乏兴趣的感觉。一个制作"友好"的语音应答系统应该尽可能地直接、尽量使用简短语句并具有良好的导引作用。

83. 自动语音信箱系统务求简洁。

语音信箱里预先录制的语音流程的选项分支应该基于会员最常联系的部门或者系统最常提及的主题而构建。比如"欢迎致电××协会，入会请按1，会员账户请按2，其他部门或人工服务请按0"之类。避免使用复杂的导引目录，每个层级保持在两个选项分支为宜。

84. 有意见的会员是协会最好的顾问。

协会可能已经接受了乐于表达自己的会员所提出的意见建议，这些直言不讳的会员常常会指出协会工作中的不当和缺位。同时，除了那些善于表达自己的会员，协会里也不乏脾气暴躁的会员，他们的意见也非常有价值，对协会助益良多。如果协会愿意将这种类型的会员作为协会顾问，协会可能会同时有效解决另一些不愿发声的会员所碰到的问题。协会要充分利用会员在某一事物上的热情，把他们的精力引导到对协会的建设上或将其作为解决问题的先锋。

85. "沉默的抱怨者。"

对于那些有强烈不满却又缄默无言的会员，协会该怎样对待？这是一个很现实的问题：协会认为自己做了充分的工作，提供了很好的服务，而事实上，会员却认为协会的所作所为增加了他们的反感度。这不是单方面所造成的错误，会员也有表达自己不满的义务。由此也提示我们，预判存在的问题并加以解决也是协会的职责所在。在这里提出一些小小的建议：加强直接调查——鼓励会员发表意见（匿名的问卷调查也可以）；向会员证明协会通过"全协会沟通模式"来积极回应会员所关心的问题；随机电话访问——尤其针对那些不经常发表意见的会员。

86. 怎样知道所提供服务的好坏。

20 年前流行的全面质量管理①和持续质量改进②风潮已经有所回落，不过其核心理念的影响非但没有退潮反而被许多协会铭记在心——"通过记录产品和服务信息，明确绩效衡量标准且日臻完善，力争达到最好的自己"。以前的质量评价标准条例冗杂、限制过多而且晦涩难懂，可能会导致预算等各种问题。这些评价指标并不适用于每一种情况，实际上有些规则在特定的现实情境下完全不适用，尽管评价指标体系的倡导者会告诉你，如果不严格遵照指标体系，协会很难良好运作。实际上，协会完全可以从全面质量管理体系中提炼出一部分适合协会的、实践性较强的规则来进行服务评估。最重要的是，协会必须要确定评估内容的可测量性，比如，将评估标准设定为"高效的"这样笼统的定性标准就是欠佳的，而设定为"错误率低于 1%"这类明确的标准才是可测量、更具实操性的。

87. 检查服务系统。

当协会一味迫使会员单向地服从协会制度时，该服务系统往往不是直面会员需要的。如果工作人员经常将"我们做不到""您的要求不符合规定"或"等相关工作人员下周一度假回来之后再给您答复"等说辞挂在嘴边，那么，协会的服务系统就不是为会员服务的。

88. 安排体验员以检测协会服务提供情况。

明确协会在线上线下的服务中有哪些问题。北美快速换油协会就为会

---

① 全面质量管理（Total Quality Management，TQM），就是指一个组织以质量为中心，以全员参与为基础，目的在于通过顾客满意和本组织所有成员及社会受益而达到长期成功的管理途径。——译者注

② 持续质量改进（Continuous Quality Improvement，CQI），使一种使员工们参与计划设计并实现持续改进流程的具有一定结构的组织过程，用以提供符合或者超过人们期望的高质量健康服务。该理论是在全面治理管理基础上发展起来的注重过程管理、环节质量控制的一种新的质量管理理论，是质量管理的重要内容。——译者注

员开展了一种"神秘体验员"活动。参加者要对被测试的从事快速更换汽车润滑油业务的中小型门店的表现做出评价并反馈不足之处。这类抽检式秘密体验活动的展开可以规范同业竞争者，确保品牌拥有忠实的客户，对中小型快速换油企业员工的行为有深刻的认识，这样有助于协会今后的发展以及找准会员培训的时机。（摘自 2016 年 7 月《当代协会》期刊中瓦诺维波特·玛歌撰写的"我们探索到的秘密"一文。）

89. 明晰行业发展趋势及政策走向。

协会应当给予会员一个可预见的未来。美国社团管理者协会及社团领导力中心的管理者分析了当前协会发展所处环境，并总结出了影响协会发展的趋势。明确协会发展的趋势可以让协会工作人员为协会发展构建战略计划时，清楚自己的发展方向。（摘自 2006 年 9 月《AMC 连线》中布赫尔·萨曼莎撰写的"基于未来趋势的组织发展战略分析"一文。）

90. 会员客户视角下的需求分析。

协会应该领略到会员所需，但这种需求分析有必要透过会员的客户（而非会员本身）的视角来完成。若能在如何帮助会员更好地服务其客户方面深入挖掘，协会提供给会员的福利会大大增加。

91. 设身处地站在会员的立场思考。

有必要设身处地站在会员的立场思考吗？是的！将自己想象成会员，站在会员的角度，想想他们的需求、观点以及整体感受，你能对所想到的问题提出怎样的对策？想想当会员初次与会，与周围人并不相熟时，怎样做可以让他们感觉自己并非格格不入？只有时刻站在会员角度着想，才能更好地提出问题，并解决问题。

92. 打造并保持协会品牌。

如果协会拥有公认的强力品牌，哪怕是将众多协会放在一起，该协会也是独具一格的。同时，协会的财政实力往往与强有力的品牌成正比。所以，创建强有力的协会品牌，具有十分重要的意义。

93. 找准协会关键词。

关键词清单中应当包括协会品牌、协会服务或产品、行业术语与行业常用语、同业竞争者名单、协会精品服务或产品以及行业条款。运用布尔检索①技术，将协会的关键词广泛发布到协会文件管理系统、协会网站、协会视频的标题以及其他一切可搜索的相关文件中，这样可以加大协会知名度。

94. 永不止步！

协会要竭尽所能，始终提供一流的服务。不能由于会员满意度很高的反馈信息表和他们的鼓励而产生骄傲情绪，导致不思进取、原地踏步。协会应始终如一地为会员提供专业的、高质量的服务。

分支机构或部门

95. 协会与各分支系统的沟通机制以及接触互动的时机需根据子机构或部门的不同情况而加以区分。

比如无需向地处南方温暖区域的房地产同业协会发送关于冬天清理屋顶积雪的信息。

96. 协会的分支机构或部门要想成功地进行会员融合，一定要明确主管在其中的责任担当。

设法让主管参与特定的会员活动或聚会，让他与会员密切接触，形成双

---

① 尔检索也称作布尔逻辑搜索。严格意义上的布尔检索法是指利用布尔逻辑运算符连接各个检索词，然后由计算机进行相应逻辑运算，以找出所需信息的方法。它是数据库检索最基本的方法，使用面最广、使用频率最高。——译者注

向深度互动和契合；如果主管确实参加不了，也要确保他手下员工去做这方面工作（也就是积极引导会员全方位参与互动以更好融入协会）的价值。

97. 遇有潜在目标会员对协会感兴趣，可让与他身处同地的老会员或协会当地机构通过电邮、电话或推特信息与之联络。

本地的老会员（因为就近的缘故）很方便解答新人的问题和分享自己对协会的良好评价，由此新、老成员间可以建立起私人化的、真诚的关系，这样做的价值颇高，它可以帮助新成员与本地活跃的老会员搭建沟通的桥梁。同时，还可以让某个工作成效斐然的分支机构或部门的成员来给新组建分支的负责人当指导。此外，向分会成员征询关于协会的研讨会、出版物以及网站的意见，也可以在大家都能参与的公共论坛进行询问。上述种种做法，都可以为协会分支系统及成员提供的宝贵的沟通互联机会。（摘自 2010 年 10 月《成员关系》期刊中柯夫曼·凯莉撰写的"打造与协会分会间的真诚关系"一文。）

98. 明确将在分支机构开展哪些活动项目，吸纳当地的目标人群去参与，项目定位和持续时间都需先行明确。

同时，明确所开展项目将如何直接影响到地方或区域性的目标人群。比如，如果要让地方的成员就全局性问题给国会参议员写信反映诉求，得先考虑这个问题将会给他们带来怎样的局部影响。

99. 参加分会会议彰显对分会的参与和支持。

参加分会会议不仅是总会对分会工作的参与和支持，也给总会提供了了解分会及其会员需求、提高产品或服务质量的机会。在这些最新获得的更完备的信息基础上，总会就可以根据分会的反响逐步完善和改进服务内容，来增加各分会与总会间的沟通互联及黏合度。

市场拓展

100. 创建经济帮扶。

协会可以为会员提供产品折扣、免费在线研讨会、免费邮寄资料以及提供免费的会员指南,用这些免费的服务来吸引会员。同时,针对暂时无工作的会员,免除其续期费以减轻他们的经济压力。通过这类举措,将这部分会员发展成为紧靠协会的终身会员。此外,协会要简化会员结构与收费项目,让新会员能更多地去体验协会拥有的不同项目。

101. 提供会员专享的免费在线体验。

鼓励潜在会员加入体验,并且要保证体验项目的多样化,尽量涵盖各个年龄段、职业以及不同的收入阶层。将这些信息置于营销和推广计划中,推敲各类型人群的真正需求。

打破墨守成规的会费制度可收获意想不到的惊喜。比如,2006 年美国牙科教育协会取消了个人会费的收缴,在短短的几个月内,会员人数增加了 7 倍。该协会这种大刀阔斧的改变,使得协会的会员数、会员对协会的支持率、活动参与率乃至付费团体会员的数量都有了大幅度提高。(摘自 2010 年 12 月《当代协会》期刊中苏珊·库格和阿比盖尔·戈尔曼撰写的"免除会费吸引会员"一文。)

102. 全球化是未来会员工作的重要影响因素。

如果协会能和其他任务相近的社团进行交流、互动,那么就可以学习到其有效地服务于外部社区的策略。在协会扩展至更远地区乃至国际化时,不要让地理因素限制其自身的发展。例如,当药品伟哥进入市场时,日本和欧洲的一些国家直到本地区其他公司已开发出相似产品才不得不放松对其限制。日本和欧洲的一些国家没有预见到,全球化潮流与科技的发展,使得公众可以在线获得医生的处方,并从美国直接采购药品,日本和欧洲的一些国家的限制并未起到作用。由于试图通过对行业环境的限制来进行产品限制，他们错过了产品进入市场所能带来的利润与税收收入，表现得目光短浅。试想一下，成功招募到传统会员目标范围外的人员入会是什么样的感觉。

协会会员结构今昔对比

商业性金融协会

- 旧式会员结构：封闭的会员资格系统，入会门槛高。仅向全国性商业金融机构和其特许分支机构贷方开放。

- 现有会员结构：开放的会员资格系统，入会更加宽松。除了全国性商业金融机构贷方外，其特许分支机构的服务供应商贷方以及非贷方都可以进入协会。

美国医疗管理者学会

- 旧式会员结构：三级会员制，包括普通会员、取得资格认证的会员以及专家会员。每一级别对于教育程度与实践水平要求成阶梯状排列。

- 现有会员结构：两级会员制，即普通会员和专家会员。其中，专家会员有特定资格认证方面的限制。

全国消防志愿者联合会

- 旧式会员结构：正式会员交纳 50 美元；志愿者会员除交纳 50 美元外再交 30 美元。

- 现有会员结构：正式会员不用交纳会费；志愿者会员需交纳 10 美元。

国际小酒店管理者协会

- 旧式会员结构：根据会员所拥有的小旅馆和酒店的房间数征收会费。从 215 美元起（1~5 间客房）。

- 现有会员结构：采用三级会员及会费制度。银牌会员 89 美元起收，金牌会员 199 美元起收，白金会员 289 美元起收。

摘自 2010 年 8 月《当代协会》期刊中"重新审视会员结构"一文。

http://www.asaecenter.org/Resources/ANow Detail.cfm? ItemNumber＝51781

103. 简化在线流程和内容。

会员在线入会流程的设置至关重要。想要会员一确认入会，后台就能收到即时信息吗？想要让会员更多地参与互动和购买在线产品吗？想让会员在线注册，并完成在线调查或者在线交流吗？想要做到以上几点，就要确保在线过程是安全的，保证在线流程指令清晰、衔接紧密、语句语境合理。鉴于繁多的填写和输入会让人难以忍受，务必要确保流程与文本的简洁，同时，使得后台可以快速收集信息，并且万一出了问题，也可以快速提供后台技术支持。

104. 追踪会员购买记录。

如果协会建立了会员关系管理系统，并拥有智能数据库、纸质版的分类账目以及穿孔资料卡，这些都会为追踪会员购买记录提供便利条件。这样完备的数据系统可以让协会更好地梳理相关信息，聚焦会员需要的服务以及产品。这种亚马逊式的服务会让会员记取他们之前的购买记录，无形中增加了他们成为"回头客"的可能性。

105. 追踪会员参与情况。

顺着追踪会员购买记录的思路，我们认为协会还应该追踪会员的参与情况。这样可以了解会员对活动的参与度与积极性，从而帮助协会更好地规划沟通方案或行动方案。

106. 提供和鼓励使用协会标识。

为了向会员提供更好的服务，特别是对会员相对分散的协会来说，设计一个具有影响力的标识非常重要。标志的使用除了有助于增强会员的忠诚度和归属感外，也能够提升同行的认可度。

107. 在协会网站或信息中心开辟"行业"空间，加强行业领域宣传，锁定目标会员。

协会成员里有些是行业精英或风云人物，务必要弄清楚哪些会员是这类"明星"会员。如果一个会员因在行业内所取得的成绩被公众认可，他/她应受到协会的关注。另外，在官网上开辟专栏，介绍协会精英在业内的成就，这样不仅能够吸引会员的注意，同时也能借机让精英会员访问协会网站，与更多的人分享互动。那么，该如何抓住这方面信息呢？可以尝试使用谷歌（Google）或其他社交软件的推送功能来实现。

108. 重新设计会员卡，包括提示会员如何最充分地利用协会提供的会员专享服务等内容。

可以设计新卡放在官网上供会员下载。

会员专享服务实例

美国社团管理者协会—社团领导力中心网站（www. asae-center. org）上提供了大量案例，介绍其他组织都是采取哪些方式让会员明晰其专享服务范围的。《会员工具与会员资源——会员专享服务宣传单》文章提供了25家协会的宣传单模板和样本的链接网址（www. asaecenter. org/Resources/mode-lslist. cfm？ItemNumber = 12296）。

多学习其他协会的先进经验，找到最佳方式告诉会员，协会所能提供的优质服务。

---

109. 为会员提供购买折扣。

零售店会给顾客返现，协会也可以考虑在会员订购服务或产品后给予一定的优惠折扣。这种活动不仅可以清楚地表达协会对会员购买行为的感谢；同时，这种优惠也会吸引会员在将来有需要时，再次订购本协会的服务或产品。此外，这个折扣也可以替换为协会特定活动的参与权或为参与下次活动提供机会。

110. 建立奖励评估机制。

如果协会设置了某种奖励计划，应建立奖励评估机制，并确认奖励的设置是否达到了预期的目标。再考虑一下，如果没有奖励是否会影响会员的购买行为？这些反思对于保持协会产品或服务的价值以及保持协会的利润空间至关重要，而稳定的利润空间是协会持续提供高品质服务的保证。

111. 减少团体入会的费用，提高团体入会率。

随着时代的发展，团购的网站不断涌现。那么协会能否借鉴该理念，来吸纳更多的会员呢？除了那些身处同一组织机构中的潜在会员可以适用"团购"外，同样地，成批吸纳会员的理念也适用于潜在会员碎片化分布的情况。例如，如果协会即将开展项目的目标群体年龄参差不齐，也可以创造时机尝试一下团体入会的模式，让 X 时代出生的人①为一个"团购"组别，让 Y 时代出生的人②为另一个"团购"组别。

---

① X 时代出生的人，没有具体出生时间，在西方一般指 20 世纪 60 年代初期到 80 年代初期出生的人。——译者注
② Y 时代出生的人，没有具体出生时间，在西方一般指 20 世纪 80 年代末期到 21 世纪出生的人。——译者注

会员融合

何为会员融合？

"……举办那些与会员具有高相关度的价值构建活动，做到想会员之所想、急会员之所急，从而获取会员的关注、参与和忠诚。"

——摘自《会员精要》第 206 页

会员凝聚与融入关乎价值问题，它关系到会员全身心投入的价值、效忠和为协会做贡献的价值。协会具有凝聚力本身就是成功的证明，其为协会的使命和未来发展注入动力。协会会员和对协会发展抱有希望，他们选择本身就证明了他们对协会的感知价值①非常高。也就是说，这种"寄望"将会给组织带来理想的财力和人力资本，而这正是达成协会目标和最大限度地完成协会使命迫切所需的。

---

① 会员的感知价值是指会员对协会提供的产品或服务所具有价值的主观认知和价值判断。——译者注

为什么要关注会员凝聚与融合？

- 会员一旦完全融入协会，一般就不会流失。然而，在这些会员尚处于外部而非内化于协会之前，先要吸引其参与进来。
- 帮助会员提供有意义的交往和体验，才会让会员不离不弃。
- 成功发展一个新会员要比保留一个现任会员多付出 5~6 倍的努力。

发起旨在吸引会员和增加会员黏性的行动计划，将计划分解为潜在会员（非会员）吸纳行动和现有会员凝聚两类。借此帮助协会依照每一项具体方案的构想来准确锁定其特定受众。一以贯之地遵循设定的思路开展工作，可以确保良好的成功率。

潜在会员与协会的接触互动：

- 浏览协会网站、博客、推特简讯、脸书粉丝页等；
- 关注有关协会的公益广告或新闻报道；
- 分享协会网站或其他出版物的内容；
- 购买协会产品；
- 参加协会会议或活动；
- 通过协会职业中心申请工作。

凝聚现有会员，协会要引导他们参与的活动除了上述方面外，还有必要涉及以下方面：

- 参与协会组织的写作或演讲活动；
- 志愿参加协会的委员会或工作小组；
- 担任协会领导角色；
- 获得诸如基金支持或者其他形式的认可；
- 支出可观的费用用于赞助、广告、展会等；
- 宣讲协会的价值及其接纳新会员活动。

欢迎新会员

112. 给新会员拨打欢迎电话。

新会员接到欢迎电话一定会很高兴，特别是在这个电子通信盛行的时代，电话联系会带来意想不到的惊喜。工作人员致电会员这种亲切的方式可以帮助协会更深入地了解到：会员入会是基于什么考虑？提供哪些最有价值的会员服务？还可以在哪些方面扩大会员权益范围？通过与会员发起双向对话，协会就将电话的作用从一般地会员入会办理转为了会员关系经营。

如果协会规模有限，可能没有充足的人手给新会员拨打欢迎电话。在这种情形下，协会可以考虑寻求志愿者的帮助。尝试着在会员居住地和其专业领域等范围内招募亲善大使来欢迎新会员。在理想的情况下，需要建立一套机制，供志愿者交流接收到的信息、存在的问题、需要协会工作人员后续跟进的事项等。

113. 通过让新会员和老会员"结对子"，帮助新会员尽快融入协会。

新会员的"搭档"可以向他们传授如何利用会员身份给职业发展带来最大的助益，同时帮助他们识别和把握合作机会以及如何同其他会员在线上或线下沟通互联。

114. 鼓励新会员加入协会分支、特别兴趣小组或实践群体。

将新会员与和他有相近兴趣爱好或面临相似挑战的人联系在一起，可以给新会员带来更好的归属感和提高他在团体中相处的融洽度。既增加了新会员更多地参与协会的活动，也体现了他们在团体中价值。

115. 线上、线下同步组织新会员入会引导活动。

策划一次能帮助会员互相结识的活动，比如"破冰船"游戏①或"快速建立人脉网络"② 活动。也可邀请资深会员来参加迎新会活动，分享他们关于如何尽可能发挥会员身份的效用和建立人脉网络方面的见解。这些活动的目的是，为新会员留下一次难忘的体验。

116. 使用高频度接触的方式凝聚新会员。

会员标杆管理③研究表明，高频度接触会员的方式（如邮寄欢迎新会员工具包、志愿者或员工拨打欢迎电话、新会员问卷调查以及迎新会等），在一定程度上与会员续会率成正比。

117. 会员第一次参加协会活动是吸引会员的最重要时机。

会员加入协会后，就有可能成为不再续会的一员。几乎每个协会都发现，一年期会员的续会率是最低的。这就是为什么许多协会称一年期会员为"转换年"会员，并针对这种情况应增加特殊项目来吸引和留住新会员。

118. 给新会员提供一个装有成套资料或用具的工具包。

这些材料既是对本协会的良好的推介，同时也提供了一种用于相互推广某些活动或产品的方法。请保持后续的电话跟进，确认会员收到了各自

---

① "破冰船"是一种群体游戏，目的在于帮助人们了解彼此。——译者注

② "快速建立人脉网络"是一种试图通过个人被给予机会，在有限的时间内和陌生人交谈以形成商业或其他联系的实践。——译者注

③ 标杆管理法由美国施乐公司于1979年首创，西方管理学界将其与企业再造、战略联盟一起并称为20世纪90年代三大管理方法。标杆管理的概念可概括为：不断寻找和研究同行一流公司的最佳实践，并以此为基准与该企业进行比较、分析、判断，从而使自己企业得到不断改进，接近或赶超一流公司，创造优秀业绩的良性循环过程。其核心是向业内或业外的最优秀的企业学习。——译者注

的新会员工具包。

119. 利用年会举办新会员活动或提供新会员一览表。

这有助于新会员互相认识，让他们感受到融入其中并受到欢迎。美国医疗集团管理协会在每年一度的年会上安排了新会员见面会，以帮助第一次参会的会员熟悉活动项目，最大限度地利用协会提供的社交网络和教育培训机会。该协会通常会给每个新会员递送一份特别邀请函，邀请他们参加活动的目的是让新会员结识其他新会员、更加熟悉协会以及同董事成员相互交流。新会员见面会通常会安排在年会第一天进行。此目的就是展现出协会及其会务的专业、友好的形象。（摘自 2003 年 9 月《会员发展》期刊中韦伯斯特·克丽丝和梅丽尔·格利克曼撰写的"明星活动"一文。）

120. 识别参会的新会员和初次参会者。

要求协会的董事会、委员会和员工都积极跟新会员以及首次参会者接触互动，为了便于识别，可让这些会员佩戴丝带、特别图案或其他标识标记。挑选那些你所熟悉的能够尽心地欢迎新会员的优秀志愿者。

121. 向新会员致意。

借助协会的出版物或活动着重突出新会员。选取新会员入会的第一个或第二个周年纪念日到来的特殊时刻向他们致以特别的问候。可以根据协会的预算情况来定，给新会员的或许是一个微不足道的小东西，或许是一封来自协会会长的信件，也或许是一个电子通讯问候，凡此种种都是彰显协会感激他们加入及参与的协会的活动。试想，一个新会员若是收到一封来自协会常务董事的信，他一定会从心里感受到自己是被特别挑选出来和受到赏识的。（摘自 2010 年 12 月《会员发展》期刊中米兰达·巴雷特撰写的"表达关心会员的七种方式"一文。）

122. 提供一个包含会员姓氏、所在区域、专长或其他兴趣点的会员名录。

会员名录有助于新会员之间的沟通互联，并帮助他们找到共同点，会员会借此感到自然融洽。

123. 让会员认识协会的领导层。

让会员认识本协会的理事会成员或委员会成员，以便在涉及协会或组织的发展方向时，会员们围绕自己关心的问题能够找到对应的领导。

124. 设计一个新会员计划。

协会应该设计并遵循一个指南，即如何定期与新会员全方位接触互动来使新会员在入会第一年获得良好体验。

125. 在会员申请表上注明自己的爱好希望加入哪个兴趣小组。

这样做是为了让新会员能够尽快融入协会。可根据填表的信息为每位新会员找到具有相同兴趣的经验丰富的指导者，后续确保新会员能够始终与这些人保持很好的联系，发挥其作用。

用福利和服务凝聚会员

为未来储备会员

126. 建立按照专长、地域或职业生涯来划分和组织的协作团体。

对于虚拟群体来说，它们拥有大量可以和协会管理系统充分结合的线上工具，也可以获得由谷歌（Google）、雅虎（Yahoo）、宁公司（Ning）和群网站（Groupsite）等企业或网站提供的免费或优质服务。

127. 组织旨在通过资格认证的学习小组。

协会的子机构或部门可以帮助在各地设立学习小组。例如，认证体系中著名的"协会经理资格证书"的资质考试一直以来都是很严格的。是美国社团管理者协会和它在地方的社团管理者协会组织学习小组，来帮助备考者跟随资深的协会专业人士准备考试。无论是通过离线学习小组、社交网络还是谷歌群，协会都可以在资质认证取得过程中支持会员获取成功。美国社团管理者协会提供了一个功能齐全的"协会执行官认证"备考者共享网站。通过这个网站，备考者能与其他考生或已经通过了"协会执行官认证"资质的人进行网上互动，还可以下载许多考前资料，如特定知识文档、成套的"闪卡"和模拟考试题等。（摘自 2010 年 7 月克里斯托弗·拉克斯顿撰写的"协会执行官认证备考在线资源"一文。）

128. 招募志愿"职业顾问"来服务学生和新晋专业人员。

志愿人士有多种方式可以提供咨询建议，如与会员一对一地谈话，在协会网站上刊登职业指导方面的文章或建议，以及积极促进有关职业发展机会的在线讨论。

129. 设立新人指导计划。

对于每一个有志于参与这个计划，并从经历了摸爬滚打的职业顾问那里受益的新成员、专业新人或有抱负的学生来说，协会为他们创造了指导者和被指导者之间双向接触互动的机会，让他们可以站在巨人的肩膀上获益。网上注册过程不宜过于复杂，尽量设计得就像协会保存一份愿意担任指导者的志愿者名单一样简单，让他们直接与那些职业顾问直接联系即可。

130. 采用传统方法。

去会员的办公室实地拜访他们。将更多重心放到那些最不活跃的成员身上。协会的工作人员或许有机会接触所在城市的会员，然而仅仅这样还不够，还可以借助出差的机会联系异地会员。此外，确认并拜访那些不是很活跃的会员或他工作的场所，即使只有他一人成为本协会的会员。

留住会员

131. 提供会员专属的在线研讨、内容介绍、资源和活动。

解决会员面临的挑战。首先通过会员调查了解哪些资源对于他们来说是重要的。然后给他们提供网络出版物及其他内容的访问链接，进而给会员创造同其他人和行业专家交流互通的机会。

132. 给会员庆祝具有里程碑意义的周年纪念日。

任何时候你都可以，也应该增加与会员的私人接触并交友。私人接触和个别结交同一般公事交流或集体接待大相径庭。假若你是简·多伊[①]，你更愿意看到协会杂志里有哪些内容，是"我们有 3 位会员在 7 月份成为 10 年期会员"、还是"我们衷心祝贺简·多伊、乔帕·布里斯和哈里·沃特斯特迎来了他们的 10 周年会员纪念日，同时感谢他们在此期间为行业做出的贡献?"

133. 了解会员的人口统计学特征[②]，进而调整沟通方式、义工机会，提供与需求相契合的会员福利。

审视会员的代际特点、职业生涯发展阶段、地理、性别和其他人口构成特征。考察会员背景那些对于协会来说是独特的方面，例如会员的专业领域、在工作中所处的层级（是中层管理者，还是高层主管）、所处专业领域（对于垂直纵向的协会来说）或行业（在横向水平结构的组织中）。

① 这里用了一个常用名，范指任何一个会员。——译者注
② 人口统计学特征，是指消费者或者人口的具体情况，通常包括年龄、性别、婚姻状况、家庭人数、家庭收入、职业、受教育情况、宗教信仰、种族、国籍等信息。人口构成的分析提供了影响会员需求的重要信息，如社会阶层的结构变化、家庭生活周期、家庭组成和年龄层次等。——译者注

这些变量究竟能给会员融合带来什么影响？相比处于职业盛年的那些为了寻求机会而加入协会的会员，刚出校园又急于创立事业的年轻会员则可能有更多样化的动机。这些代际因素是如何影响沟通交流的呢？

利用好协会自身的网站和社交媒体

134. 社交网络：如果你不做，自有别人做。

将社交网络纳入协会的沟通工具中。沟通方式越多样化，协会信息的传递效果就越强。

135. 无论是 Twitter、Facebook、Linkedin 还是 YouTube，不能只是以好友数量和活跃度作为定义成功与否的标准。

不能只看好友数量和活跃度，应该想方设法力求会员访问协会在社交网络上的最新推送。利用当代社交网络平台来讨论和推广会员感兴趣的话题，并在协会网站上发布会议活动等情况和图片。这些社交网站充当着协会和客户之间的沟通枢纽。社交网络创新了以客户为导向的交际模式。

136. 创建一个社交媒体时间表。

在每个社交媒体上就协会的品牌或形象进行定位，建议以 30 天为一个周期来检视不同战略策略的实施情况，在每一个周期完成后对效果进行评估。

137. 将协会相关事项挂在网站上，提高浏览量和网站活跃度。

确保协会网站运行通畅并保持更新。发布业务通讯文档、各种文章和白皮书，以向外界提供更多与协会网站沟通互联的机会。

138. 优化搜索引擎。

确保协会网站可以被搜索到。会员、潜在会员或其他人若是围绕协会的专业或业务范围有什么问题，都可以运用通用搜索引擎连接到协会。

倾听的工具包

美国言语语言听力协会联系人麦琪·迈克盖瑞介绍了她在倾听过程中使用的工具：

● 搜索博客并定位那些使用博客的会员：利用 Technorati、Google BlogSearch 和 Google Alerts 等。

● 追踪关键词和索引定位经常使用推特的会员：利用 Tweetbeep、Twitter search 和 Twilerts 等工具。

● 大量浏览有关社交媒体的博客：Facebook、Tom Humbarger's Social Media Musings、Association Jam 等。Alltop 社交媒体条目是一个好起点。

● 关注推特上的社交媒体人：如，Jeremiah Owyang（@ jowyang）、Peter Cashmore（@ mashable）和 Lynn Morton（@ Misslynn13）。麦琪还告诉人们如想了解更多，请见她推特上的介绍清单，@ maggielmcg。

● 订阅时事通讯和在线出版物：如，Ragan's Daily Headlines、Social Media、Social Fishing、Smart Publishing、Smart Brief on Social Media、Marketing Profs Daily 、Ad Age Digital 等。

● 使用视频提醒功能寻找由会员制作的视频。

● 加入数个社交网络，并充分利用这些社交网络向别人征求意见，了解其他组织在做什么？效果如何？

麦琪的智慧箴言："因为社交媒体总是不断发展，新工具层出不穷（或旧的工具失去活力）。所以，在社团中确实需要设定一个专门的、不断致力于专业发展、并投入大量非工作时间来阅读和上网检测社交媒体的职位。"

资料来源：2009 年 11 月《当代社团》期刊中"倾听的工具包"一文。http://www.asaecenter.org/Resources/ANowDetail.cfm? ItemNumber＝45789

139. 在协会网站上发布相关招聘信息和分类广告。

招聘信息和分类广告可以很好地告知会员就业市场的情况、其所从事的职业及所处行业的基本情况等。同时，也是会员发布职业信息和推广产品的好机会。

140. 线上员工通讯录应当包含照片和联系方式。

协会可为会员提供私人接触的机会。员工通讯录中可列出个人专长和个人兴趣；让员工列出他们感兴趣的图书和崇拜的人物。会员们一般都乐意把照片和某些个人信息提供给愿意相互联系的人。

141. 确保你的协会与智慧网站互联

例如，密切追踪监测诸如 Wikipedia、about.com、Fotopedia、Spock 等公众常常查询信息和知识的资讯网站，确保这些网站中至少提及了你的协会及有关于协会的准确信息。

142. 发布图片和视频。

图片和视频是用以展示其他会员已经与协会在沟通互联的良好载体，这有助于激发更多会员广泛地参与。

143. 提供尽可能丰富的内容。

内容对提高活跃度来说是必不可少的。力求尽可能多地在协会网站和社交媒体上展示协会工作及活动内容，并让其可以在网上搜索到，从而增强协会的吸引力和参与度。

144. 保持灵活性。

新媒体日新月异，今天适用的媒体明天也许就过时了，所以协会必须紧跟时代潮流。

145. 安排现场直播活动。

对于那些无法到现场参会的会员，通过音频或视频实时直播参与也不失为一种好的选择。

146. 通过网络平台的参与互动，不能只理解是为围绕软件或网络平台的培训或获取知识。

如果一个网络平台内容丰富、极具价值，那么大多数会员为了获取知识自会采用这一平台。因此，注重价值是第一位的，而非首先考虑如何让人们参与进来，否则会本末倒置。

147. 使用第三方应用程序（APP）。

有些协会会员可能是第三方应用程序的忠实粉丝。创建一个会员可以通过手机或电脑下载的免费 APP，允许会员自行选择想要的信息，最大限度地利用他们的会员身份进行学习。

148. 设置协会的专属页面。

很多时候，协会网站充满爆炸信息，简直令人生畏。协会可以开发一个交互式网页，允许会员自行选择类别和感兴趣的内容，同时接收那些如何充分发挥会员经验的信息。

149. 创建一个"每日提示"页。

一天一个温馨提示，可以让会员通过梳理和总结各种各样的参与和融入协会的方式，最大限度地利用他们的会员经验。根据会员的情况，每日提示可以是面向全体的会员也可以是面向部分会员的。同时，要考虑"每日提示"的订阅承载能力。

150. 为会员创建一个"偏好中心"。

协会必须面对一个现实，那就是与其纠结应该给会员发送什么内容以及发送多少才合适。不妨试着在协会网站上建立一个兴趣中心，让会员自行选择主题代码或想要获取的信息，或者让会员选择哪些网络通信是他们需要的。这有助于协会摆脱总得猜测会员需求的困境，有助于协会找到会员真正感兴趣所在。

151. 技术方面的提醒。

当协会使用新兴技术提供极好资源的同时，一定要考虑会员的技术敏锐性和这些工具的易用性（友好度）。如果协会正在计划或想要使用的工具和技术需要下载文件或安装软件，请注意，有些组织并不为员工提供在公司电脑或电话上进行这类操作的管理权限。如果一项服务应用到特定移动端，就要考虑一旦会员下载后界面看起来是怎样的。不同移动端的界面显示会有所不同，由此会给会员带来迥异的体验效果。

用情感凝聚会员

从会员的视角看问题

152. 根据会员体验来确定需要改进的方面。

例如，协会可以调研会员参与年会的感受，调研节点可选择在会员网上注册时、到达现场签到时或整个参会期间都可以。

153. 倾听和关注会员的诉求。

倾听会员的声音能够给协会在新项目规划和提供哪些会员服务方面提供思路，帮助协会确定在沟通中哪些信息是最重要的。

154. 开展网上调查和民意测验。

通过广泛调查了解会员需求固然重要。然而，开展一两个民意测验则能够快速获得目标会员的反馈。民意测验可以挂在协会网站上、嵌入到电子资讯中或发布在协会的媒体宣传上。协会应该千方百计了解会员。通过组织网民投票、调查问卷或简单地征求会员意见等形式都可以帮助协会清楚了解会员的需求所在。

155. 务必审阅和认真梳理调研评估结果。

如果没有后续地跟进和实际地评估,开展调研的实质意义就不大。成立一个特别小组或工作组对搜集到的反馈信息进行专门评估、确定行动细则及制定计划来满足会员需求。

156. 让会员了解他们的问题解决方案。

让会员了解民意调查反映出的问题以及协会回应的情况。可以采用简报、邮件、传真或公告等形式进行信息交流与沟通。这样做有助于鼓励会员继续提供各种反馈信息。

157. 确定哪些会员福利或权益已经不再有价值。

辨别和剔除不再具有价值的福利或权益,是持续不间断地评估和淘汰考核文化的一部分。清除那些会员不再认为有价值的项目和福利,可以帮助协会整合出更多资源来专注于那些更多会员认为有价值并值得融入其中的产品、项目或服务。

158. 在员工中开展调查和信息反馈。

协会的员工应第一时间知晓会员有哪些不满或是好评。但是,不必仅仅聚焦于那些抱怨以及应该怎样减少抱怨这单一方面,而应同步考虑"不满"和"好评"这两个方面。继续加强得到会员肯定的那些优势项目,往往比忽略总体工作成效只是盯着工作中的少量不足更有价值。员工是能提出如何改进产品或项目的绝妙想法的最佳源头。因此,在开展员工调查过程中一定要向他们征询改进意见。

159. 组建网上的或现实中的焦点调研小组。

组建线上线下的焦点调研小组可以给协会带来双赢效果。除了通过吸纳会员进入焦点调研团队和为其提供反馈机会从而增加接触点以外，若能够在焦点调研小组中引入项目解决方案专家，协会就可以利用这些专家的业务专长来指导产品或服务及今后的发展方向。同时，会员也能在回报行业发展过程中证明自身的重要价值。

160. 举办"热门话题"研讨会。

这些研讨会专门应对会员在职场或行业中面临的挑战和机遇。同时，邀请那些参加了研讨会的会员在博客上讨论这些高关注度的议题或给协会的通信或其他出版物投稿。这样做可以释放出协会真正重视会员意见的信号，也可以激发其他会员参与。

161. 拿不准时，就参照一下迪士尼乐园模式。

协会不能仅仅是唯会员是瞻，还要洞察会员的各种需求！记住会员的需求至少包括：①基本需要；②时间；③预算；④声誉；⑤回报率。如果想要达到迪士尼乐园的效果，就要抓住一切能满足会员各种需求的机会，给会员留下难忘的体验，而这种体验反过来又能鼓励会员参与到协会中来并与协会深度融合。

营造协同合作的氛围

162. 推进协作书写项目聚焦于会员面临及关切的问题。

尝试使用文档在线协作书写工具，例如 www.writeboard.com① 等，借此可以让会员之间信息共享，共同讨论行业当前面临的问题和关注点。

---

① 这是一种文档在线协作书写工具，特点主要包括：没有用户注册概念，只有文档创建概念；有邀请功能，可多人协作书写；有很好的版本管理功能；有评论功能；可以把文档另存为文本文件，也可以通过 Email 发送；文档创建者对文档有最终控制权；支持 RSS 格式的输出，便于订阅；对中文有很好的支持；完全免费的服务等。——译者注

163. 创建非正式的共享研讨平台，供会员交流和共享职业规划及兴趣爱好。

研讨会可以是在线的或实地的，可以是地方性的或是全国性的。首先考虑好要达成的目标，继而再逆向操作创建平台。举个例子，如果协会的主要目标是实现会员面对面交流，那么就可以在当地开办一些会员可以面对面交流的经济型或免费项目。为降低活动成本，可以主动问询协会的会员或行业合作伙伴是否愿意赞助活动场地。

164. 别害怕失败。

显然，失败是协会任何时候都想极力避免的。但是，成长过程必然会伴随着失败，害怕失败只会阻碍协会从失败中吸取经验教训。例如，某个协会第一次涉足社交媒体，他们使用社交网络平台 Ning 组织参会者，结果彻底失败了。但是，该协会由此认识到，若想利用社交网络平台成功组织会议，应该使用更广为人知的平台，如脸书，并且主动联系会员而不是等着会员联系协会。虽然失败会造成损失，但有时它是能帮协会认识到如何才能更好地服务会员。

密切联系会员

165. 发起"老会员推荐新会员回馈送礼"活动。

此类活动不仅可以为协会带来新会员，也可以凝聚和回馈协会的现有会员。

166. 邀请新会员观摩协会的展台，认识和问候现有会员。

现有会员可以用自己的亲身经历，向新会员畅谈会员价值的前景。此外，还可以在协会展台上播放事先录制好的会员感言（另一种吸引会员的方式）。

167. 开展具有感染力的推介活动。

除了利用社交媒体工具以外，还可以开展"老会员推荐新会员"这类活动，让会员与他人分享会员身份所能带来的最大价值体现在哪些方面。让会员通过上传视频、博客、推特、状态更新等方式，告诉大家协会会员身份所能带来的价值、最被看重的前三个方面的好处。考虑将推介活动做成竞赛的形式并提供奖品，奖品的形式可以诸如免费注册协会即将举办的会议，或者免费提供协会当前正在交叉推广的产品或服务等。总之，活动的策划着眼于建立全局意识或致力于加大未来的参与机会。

168. 创建一个"昙花一现"式的任务清单。

清单上的任务是那些会员花很少的时间就能完成的任务。例如在领英或脸书上发帖、分发宣传册、在会上发微博或写博客帖子等。

注重沟通

169. 给不经常参与互动的会员发邮件问候。

为那些一般不参与协会活动的会员创设一些为协会做贡献的机会，使他们感受到自己作为协会的一员是被欣赏和重视的。

170. 保持联系。

每年（通常是年中）至少给会员打一次联系电话，好让他们知道收缴会费并不是协会和会员一年里唯一的一次联系。同时，每年给会员提供一份清单，列出当年的会员福利和权益范围以及指导会员如何获得这些专享服务。

171. 定制信息。

如果协会可以定制信息，让会员知道协会清楚地了解他们，这将产牛很好的沟通效果。例如，如果协会向会员发送一封格式化的信件，上面例行地称呼"亲爱的会员"，远不如称呼"亲爱的约翰先生"或"史密斯先生"来得人性化。此外，也可以在交谈中提及会员近期的活动，如"在会议上见到你很高兴！你上次订购宣传册是六个月以前，现在是否还有？"这种根据不同会员个体发送定制信息的方式可以拉近与会员关系。

172. 使用免费网络工具 blog radio 随时告知会员。

对于那些其会员常常在工作时间听互联网广播的协会来说，blog radio 作为方便、经济的方式，不失为一种理想的应对信息沟通不足的解决方案。它包括同行访谈、业界专家访谈、总会更新以及分会更新（如果协会设有分支的话）。Blog radio 推送的实用的日常提示可以给会员工作带来帮助，并且可增加简单的解决方案以帮助会员在工作与私人生活之间保持平衡。

173. 设计会员礼品卡。

对参与志愿服务、撰写文章、在活动中发言或招募新人入会的会员加以奖励，颁发礼品卡表彰他们付出的这些努力。会员可以在协会活动或聚会中使用礼品卡，或享有协会提供的产品和服务。在礼品卡的背面附上三个短小而快速的步骤，以告知参与协会活动的方式以及短网址。

174. 为会员提供个性化的网址。

实施个性化网址计划来联系会员。该方法包含有一个带着会员个人登录页面的网址（例如 www. John Doe，Association XYZ. org. ）。管理会员登录界面，让其包含会员期望的信息或同会员需求有共鸣的信息。如何做到这一点呢？想一想"空袭"行动。究竟哪些信息会抓住会员的眼球吸引到他们的关注。个性化网址计划接下来要规划的部分就是促进互动，互动部分可以嵌入个性化的会员个人登录界面。最后，协会想要引发一种反应或

"一个行动的理由"（就像某些诸如"市场营销的 101 个方法"之类文章介绍中经常提及的），即完成"关注/吸引—互动—反馈"的过程。当然还得确保个性化网址没有处于脱机服务状态。个性化网址还有一个好处就是，协会可以追踪会员的反应和获得更多会员的信息。

175. 在协会出版物上刊登内部广告，是向大多数会员介绍会员权益的最简单便捷的方式。

通过内部广告来传递关键性的信息，大致描述出都有哪些方式可以让会员充分利用其会员的身份。如果顾虑由于刊载内部广告占用资源而减少潜在的广告收入，就得提前做好预算。

176. 设计一个会员参与日程簿。

规划和设计一个会员参与日程簿。日程簿中可以有数字化的部分，同时，协会可以将每月的活动或将凭会员资格可参加的新服务或活动都放进去。需要注意的是，要确保那些活动不会给会员增加额外费用。这个日程簿不应该是一个销售簿。此外，会员参与日程簿还可以包含特殊活动或项目的凭证或优惠券。每月的固定几天都要突出和强调一下活动，诸如："请检查和更新会员资料或认证信息""不要忘记报名参加志愿活动""申请书的截止日期或演讲的日程马上就到啦"等。联系作为联络员的工作人员，了解充分利用会员资格的更多的方法。另外，确保日程簿包括网址以方便那些想要了解更多信息的会员去链接和浏览。同时，还应包括工作人员的联系方式。

177. 主动邀约！

如果协会不邀请，会员是永远不会主动过来的。所以，必须坚持主动邀请会员。如果可以，打电话或安排志愿者帮忙联系。总之，要主动出击！

从会员吸纳到会员融合

志愿者赞赏认可机制

178. 抓住每个机会对志愿者进行肯定和赞赏。

对于无私奉献他们的时间和专长的志愿者，协会仅仅说声"谢谢"是不够的。协会有多种可以表达感谢的方式可供选择：在协会的出版物中进行致谢，高层发出感谢信或在协会的活动中宣布"志愿之星"名单等。所有的这些工作都会让志愿者感受到协会的关心和对他们贡献的感激之意。

179. 创建便于志愿者通过参与志愿活动获得积分的积分制。

志愿者积分制创建之后，还要经常进行积分确认和积分兑换。志愿者积分的另一好处就是，可以通过志愿者积分来确定协会潜在的董事会成员。

180. 给予奖励和举办竞赛。

协会可以举办丰富多彩的奖励和竞赛活动，让会员在其中大显身手。例如，协会可以设置最佳写作奖或奖励提交文章最多的会员和志愿者。

181. 突出和宣传做出重大贡献或取得巨大成就的会员和志愿者。

协会可以采用树立"身边榜样"的策略。通过这一策略，向其他会员表明，专业人员在更好地参与和融入协会方面达到了更高的水准，这对其他的会员具有良好的示范效应。

182. 向志愿者表达谢意。

如果你的协会是以美国国内会员为主，一定要记得，每年4月，每逢致力于志愿服务的非营利组织——拉手网举办全国志愿者活动周（National Volunteer Week）期间，协会一定要对协会的志愿者进行赞赏和认可。

183. 超越常规的做法。

辨识那些给民意代表写信或在媒体发声之类的会员，呼吁他们在参加这类活动时将关于协会和行业的情况进行报道。这样做可以传达出：协会对他们付出的努力感兴趣和表示赞赏。

同时，通过阅读一些有成就会员的事迹，也可以激励其他会员在组织中充分发挥自身作用。

184. 公开赞赏和认可志愿者的成就。

以个人或组织名义感谢协会的会员，祝贺他们取得的成就。并且，要通过各种方式让协会的高管给予志愿者进一步地肯定和赞赏，哪怕仅仅是面对面会见时顺便问候一下，也不失为一种较好的赞赏和认可方式。

志愿者招募

185. 欢迎所有的志愿者，让他们融入得越早越好。

尤其要为那些志愿服务期不长或有特殊技能的志愿者安排特殊的项目或任务，这样会更能发挥他们的特长。

186. 简化加入流程。

志愿者加入协会的流程不宜过于繁杂。协会应当在官网上列出有关志愿者招募的简洁消息或方便的链接，来引导会员进入界面友好的志愿者招募页面。

187. 围绕每个活动和项目建立委员会或工作组。

虽然从管理结构上来说，在协会现有基础上不能做太多细分，但协会还是要尽可能地寻找更多方式吸纳志愿者。

188. 针对志愿者的经验进行调研。

调研志愿者经验有助于让志愿者在一个项目完成后依然保持与协会的互动，并帮助协会更好地认识到以后该如何进一步发展。

189. 举办一个董事会成员和委员会主席出席的迎新活动。

由领导层亲自进行新会员入会引导，可帮助新加入的志愿者最大限度利用他们这些领导的经验。当然这对于协会的高层们来说是一个新角色，与新加入的志愿者一起讨论未来的预期并为他们提供所需资源，可以帮助他们更好地履行职责。

190. 发起形象大使计划。

推选出那些愿意代表组织在公共场所或活动中宣传协会的会员，可作为协会代言人。

191. 提供志愿机会时要灵活。

除了需要大量时间保证传统的委员会参与外，还需要创造短期的、与某个特定项目相关的志愿者机会，特别是那些年轻的专业人士更愿意参与的，目的清晰、时间有短的项目。

192. 招募志愿者时，需要明确志愿任务、时间要求和持续的时间段。

提前设定明确的期望值有助于收获更多，也可以增加实现志愿者目标和准时完成项目的可能性。

193. 选拔志愿者的过程应公开透明。

如果协会招募具有特定技能、专业背景或经验水平的志愿者，需提前发布声明，让所有人都知道。

194. 寻找时机吸纳学生和新晋专业人员。

将学生和新进专业人员同其他人区别开来，或许这是一种特殊的会员分类方式。据此，可能创设出一些新的只有学生和专业新人才可以免费获得的内容。不管通过什么方法，首先要确保在数据库中搜寻到这部分人的相关信息，这样才能逐步引导他们沿着协会预期的轨道发展，逐步将其培养成为有凝聚力的、黏性较高的专职会员。

195. 明确目标，围绕"如何与志愿者携手共事"开展员工培训。

让员工明白，管理或协调志愿者队伍同管理或协调正式员工之间存在微妙的差异。

196. 界定职员角色及其支持志愿者工作的方式。

例如，委员会负责为战略举措制定政策和指导方针，而员工则来监督政策是如何执行与实施的。

197. 考虑建立一个常态化的志愿者团队，为特定的协会产品或服务提供建议。

例如，协会可以成立一个编辑顾问委员会，专门负责为杂志和时事通讯提供信息和资讯，这就确定了志愿者团队的职责范围。

协会是想让志愿者团队成为决策机构，还是仅仅为员工决策提供参考信息或严格意义上的顾问机构？协会要确定志愿团队的最佳人员规模，是以能提供多样化视角的大团队为目标，还是以精干效能的小团队为目标？这取决于协会的人员构成和产品及服务的范围，通常志愿者团队的规模以 6～12 人为宜。协会可以提供一份简明扼要的职责描述（最好不要超过一页），规划出对志愿者的期望值。

198. 清晰地阐述志愿者要承担的职责和协会的对他们的期望。

协会在邀请会员担任志愿者时，先给他们提供一份会员任务一览表，让大家看一遍，并请他们慎重考虑是否有时间和兴趣来完成志愿者团队要求的任务。确保感兴趣的会员能够理解团队决策或咨询的范围，以便完全领会他们要发挥的作用及他们的职责要受到哪些限制。设法从团队全年的电话会议和借助电话和邮件完成的个人接触等渠道获得意见和建议。因此，协会要设法一年至少安排一次聚会。当然，若能将面对面的聚会和协会的年会结合起来是最为理想的，因为，至少大量志愿者会员都打算参加年会，这样就可以顺便参加志愿者聚会了，相对比较便利。另外，定期跟进志愿者团队会员的特定任务，比如，编辑顾问委员会的任务可能是写一篇通讯，也可能是为一篇杂志文章提供内容思路及推荐作者。

199. 创建志愿者活动记录表。

协会应当将活动适当分解，让那些基本上每周甚至每月一次性只能抽出 5 分钟的会员或是只能参加一次志愿活动的志愿者也参与到志愿工作中来，并允许将这些零碎时间累加成 30 分钟、1 小时和几个小时。由此就给那些或多或少有意愿加入志愿活动的人创造了条件，也为众多有志于参与的人创造了更多机会。

附　录

与同行分享秘诀

我们一直在为获得伟大的创意和遇到优秀的人才而努力着，我们正在收集针对各种主题的创意和技巧。我们会审核这些创意和技巧，如果被选中，我们会将它们发表在后续出版的"199 个金点子"的某个主题中。如果您的创意得到发表，您可以选择把名字列入撰稿人名单中或选择匿名。无论哪一种方式，都是回馈您所在行业和帮助别人取得更大成功的一个机会。

如果您对"199 个金点子"系列丛书有任何想法，请通过邮箱 books@asaecenter. org 联系我们的图书出版负责人。

请看下面的表格。我们希望您能通过我们的网站 www. asaecenter. org/sharemytip 以电子表格的方式提交您的想法。不过，如果您愿意，也可以复印表格，并通过邮寄或传真提交到：

收件人及地址：

Director of Book Publishing

ASAE：The Center for Association Leadership

1575 I Street，NW

Washington，DC 20005 – 1103

传真：（202）220 – 6439

诀窍分享表

请为您要提交的想法选择下列合适的类别：

董事会与志愿者

□董事会关系

□志愿者关系

□志愿者招募

□志愿者参与

□志愿者保留/奖励

会议

□赞助

□联系参会者

□增加学习经验

□展览

□会议创收

□其他：＿＿＿＿＿＿＿＿

财务

□预算

□节省开支

□其他：＿＿＿＿＿＿＿＿

定标分析与研究

□提高回应率

□其他：＿＿＿＿＿＿＿＿

会员

□招募/保留

□沟通

□参与

□项目利益

□会费结构

□全球化

□研究

□其他：＿＿＿＿＿＿＿＿

技术

□其他：＿＿＿＿＿＿＿＿

节省时间的诀窍

□其他：＿＿＿＿＿＿＿＿

请提交您的想法，仅限于 500 字内。如果您提交的内容需要超过 500 字，请直接发送电子邮件至 books@ asaecenter. org，邮件主题注明 “Tip”。

＿＿＿＿＿＿＿＿＿＿＿＿＿＿＿＿＿＿＿＿＿＿＿＿＿＿＿＿＿＿＿＿＿＿＿＿

＿＿＿＿＿＿＿＿＿＿＿＿＿＿＿＿＿＿＿＿＿＿＿＿＿＿＿＿＿＿＿＿＿＿＿＿

＿＿＿＿＿＿＿＿＿＿＿＿＿＿＿＿＿＿＿＿＿＿＿＿＿＿＿＿＿＿＿＿＿＿＿＿

姓　　名：＿＿＿＿＿＿＿＿＿＿＿＿＿＿＿＿＿＿＿＿＿＿＿＿＿＿

单　　位：＿＿＿＿＿＿＿＿＿＿＿＿＿＿＿＿＿＿＿＿＿＿＿＿＿＿

电子邮箱：＿＿＿＿＿＿＿＿＿＿＿＿＿＿＿＿＿＿＿＿＿＿＿＿＿＿

如果您的点子被采纳出版，您希望匿名，还是把您的名字列入撰稿人名单中？请注明：

□匿名

□是的，请把我列入撰稿人名单。

在提交你的想法的同时，你要保证你是其唯一作者，是所有权利的拥有者：这一作品是原创的；作品之前未曾发表过；作品没有侵犯其他任何个人或财产权利；作品不包含任何中伤或其他形式的非法内容；你有权签署本协议，并授予许可。你还需认同，作品中不包含任何受版权保护的资料在未经版权持有人的书面同意的情况下使用，并且美国社团管理者协会和领导中心没有义务出版您提交的点子。

你还需授予美国社团管理者协会和领导中心下列权利：①以印刷、数字化或其他已知或未知的形式发表你的作品；② 以印刷、数字化或其他已知或未知的形式转载、制作衍生作品以及以其他方式复制作品；③向他人授予有限从属许可，以印刷、数字化或其他已知或未知的形式转载、制作衍生作品以及以其他方式复制作品。

签字_____

感谢你提交建议！